Anselm Grün

Vom Zauber der Sehnsucht

Anselm Grün

Vom Zauber der Sehnsucht

Mit Fotografien von Ursula Wrba

KREUZ

Sehnsucht

Die Sehnsucht ist der Ort,
an dem wir das Leben
intensiver erleben können.
Die Sehnsucht nährt uns.
Die Sehnsucht verzaubert uns.

Sehnsucht ist für viele ein altmodisches Wort. Sie verbinden es mit der Zeit der Romantik. Damals schwärmte man von der blauen Blume, einem Sinnbild der Sehnsucht, die die Menschen antrieb, hinauszuwandern in die Weite der Natur, um das zu suchen, was ihren wahren Hunger stillte. Der Psychiater Sigmund Freud meinte, die Sehnsucht sei das Zeichen eines kranken Menschen. Der gesunde Mensch sehne sich nach nichts mehr. Er versöhne sich mit der Realität seines Lebens, so wie es einmal sei. Aber diese Haltung ist eher pessimistisch. Sie lässt den Träumen keinen Raum mehr. Heute deutet die Psychologie die Sehnsucht ganz anders. Für die Therapeutin Verena Kast kommt dem Menschen in der Sehnsucht das aus seiner eigenen Seele entgegen, was ihm an seiner Ganzheit fehlt. Der Schweizer Psychotherapeut Arno Grün meint, die Sehnsucht nach Liebe wäre für unsere Welt überlebensnotwendig. Wenn wir keine Sehnsucht mehr nach Liebe und Angenommensein hätten, würden wir uns von der Angst vor dem Fremden

bestimmen lassen. Das aber würde nur zur Ablehnung
der Fremden in unserer Gesellschaft führen,
weil wir das Fremde in uns verleugnen.
Die Sehnsucht nach Ganzheit, nach Harmonie
all des Fremden mit dem Bekannten in unserer Seele,
ermöglicht uns den Frieden mit uns selbst und
mit den Menschen, die uns als Fremde gegenübertreten.
Ich wünsche Ihnen, dass Sie die Sehnsucht
immer wieder beflügelt und inspiriert.

Das lateinische Wort für „Sehnsucht“ lautet „desiderium“. Die Lateiner denken also bei Sehnsucht an die Sterne (sidera). Die Präposition „de“ meint, dass die Sehnsucht die Sterne nach unten zieht, auf die Erde. In der Sehnsucht erheben wir unsere Herzen zu den Sternen. Wir schauen auf zu den Sternen und zugleich versuchen wir, die Sterne zu uns auf die Erde zu ziehen, damit sie in uns selber leuchten. Sterne vermitteln Heimat. So singt das allbekannte Lied „Heimat, deine Sterne“. Der Blick auf die Sterne verbindet uns mit den Menschen, mit denen wir uns eins fühlen, die jetzt – weit von uns entfernt – wie wir zu den Sternen aufschauen. Die Sehnsucht ist keine Flucht vor der Realität unseres Lebens, sondern sie will die alltägliche Wirklichkeit mit dem geheimnisvollen Licht der Sterne durchdringen. Sie will die Spur der Transzendenz in diese Welt eingraben. Gott hat – so meint die jüdische Dichterin Nelly Sachs – in den Sand dieser Welt die Sehnsucht hineingewoben. Wir ahmen in der Sehnsucht nur nach, was Gott schon vor uns getan hat. Gott selbst hat die Sterne in die Erde hineingelegt. Die Erde sehnt sich nach dem Himmel. Nur Himmel und Erde zusammen bilden das Weltall. Nur wenn in unserer Seele Himmel und Erde miteinander verbunden sind, leben wir unserem Wesen als Mensch gemäß.

Die Sehnsucht ist die Spur, die Gott in unser Herz gegraben hat. Viele klagen darüber, dass sie Gott nicht spüren. Wir können Gott nicht direkt spüren. Aber die Spur der Sehnsucht, die er in unser Herz gelegt hat, können wir wahrnehmen. Und in der Sehnsucht spüren wir Gott selbst. Wenn Menschen jammern, dass sie Gott nicht spüren, verweise ich sie immer auf ihre Sehnsucht. Ich rate ihnen: „Legen Sie die Hände in die Brustmitte und schließen Sie die Augen. Spüren Sie in sich hinein, was da an Sehnsucht in Ihnen auftaucht. Ihr Herz erwärmt sich. Und in dieser Wärme spüren Sie in sich die Sehnsucht nach dem ganz anderen, die Sehnsucht nach Gott. Und in der Sehnsucht nach Gott ist schon Gott. So berühren Sie in Ihrer Sehnsucht Gott selbst. In der Sehnsucht haben Sie etwas in Ihrem Herzen, was über diese Welt hinausgeht. Es kommt nur zur Ruhe, wenn es sich auf Gott hin richtet. Wenn Sie mit Ihrer Sehnsucht in Berührung kommen, dann fliehen Sie nicht vor den Problemen Ihres Alltags. Aber diese Probleme relativieren sich. Sie sind nicht mehr so bedrängend. Die Sehnsucht gibt Ihnen inneren Abstand und innere Freiheit den alltäglichen Sorgen gegenüber."

Der hl. Augustinus hat die Sehnsucht als das Grundexistential des Menschen gesehen. Er meint: Jeder Mensch, der sich leidenschaftlich für etwas einsetzt und sich leidenschaftlich nach etwas sehnt, sei es nun Erfolg, Reichtum, Geld, Liebe, Geborgenheit, Anerkennung und Ruhm, sehne sich letztlich nach Gott. Auch wenn die Sehnsucht zunächst gar nicht religiös oder spirituell aussieht, so verbirgt sich in ihr etwas, das über diese Welt hinausgeht. Denn wenn ich meine Sehnsucht zu Ende denke, werde ich merken, dass sie durch noch so viel Reichtum, durch noch so viel Anerkennung und Erfolg nicht gestillt werden kann. Es gibt Menschen, die im Lotto gewinnen, aber ihre Sehnsucht wird nicht gestillt, sondern eher angestachelt. Die Kunst der Seelsorge besteht für den hl. Augustinus darin, auf die Sehnsüchte der Menschen zu hören. Ich bringe den Menschen nichts bei. Ich höre ihnen zu, wie sie von ihrer Sehnsucht erzählen. Ich versuche, mich in sie hineinzudenken und ihre Sehnsucht über das Vordergründige hinauszuführen. Dann werden sie merken, dass ihre tiefste Sehnsucht sich letztlich auf Gott richtet. Das ist keine moralisierende Seelsorge, sondern eine, die bei der Sehnsucht der menschlichen Seele ansetzt, ie nicht bewertet, sondern behutsam auf Gott richtet. Dadurch befreien wir den Menschen von seinen Abhängigkeiten und helfen ihm auf seinem Weg in die innere Freiheit und Weite.

Wenn ich über das Gebet spreche, höre ich oft die Klage, dass man nicht mehr beten kann, dass die Worte des Gebetes leer klingen. Die vorgeformten Gebete gehen an einem vorüber. Aber wenn man selbst mit persönlichen Worten zu beten beginnt, dann scheinen die eigenen Worte hohl zu sein. Sie sind wie leere Floskeln. Der hl. Augustinus gibt uns einen Schlüssel dafür, wie wir unser Gebet auf neue Weise verstehen können. Er meint, wir könnten nicht immer die Knie beugen oder mit Worten zu Gott beten. Denn unsere Worte sind begrenzt. Das wahre Gebet – so meint er – sei die Sehnsucht. Wenn wir vorgeformte Gebete sprechen, dann wollen wir Gott nicht zu etwas zwingen. Wir fördern mit den Gebeten vielmehr unsere Sehnsucht. Die Vaterunserbitte „Dein Reich komme“ bedeutet für Augustinus nicht, dass wir Gott zu etwas drängen. Das Reich Gottes wird kommen, ob wir wollen oder nicht. Wir beten diese Worte, um in uns die Sehnsucht nach dem Reich Gottes zu wecken. Die Worte wollen unsere Sehnsucht in uns entflammen. Aber es gibt auch das Gebet ohne Worte. Wenn wir mit unserer Sehnsucht in Berührung sind, dann beten wir. „Willst du das Beten nicht unterbrechen“, so sagt Augustinus, „dann unterbrich dein Sehnen nicht. Denn die ununterbrochene Sehnsucht ist dein ununterbrochenes Gebet.“

Noch mehr als das Beten stachelt das Singen unsere Sehnsucht an. Der hl. Augustinus bringt den Vergleich mit den Wanderern. Damals ist man bei Nacht gewandert, um den Räubern zu entgehen. Aber zugleich hatte man Angst in der Nacht. Also sang man die Lieder von der Heimat, um die Angst zu vertreiben. Dieses Bild ist für Augustinus der Schlüssel für unser Singen im Gottesdienst, vor allem für das Singen der Psalmen. Wir singen die Psalmen, um in uns die Sehnsucht nach der wahren Heimat, nach Gott, zu wecken. Im Singen wächst die Sehnsucht nach unserer Heimat. Was der hl. Augustinus hier von den Psalmen und frommen Hymnen sagt, gilt in abgewandelter Weise auch für das Singen unserer Volkslieder. Wenn ich in einem Kreis von Menschen Volkslieder singe, die oft von einer melancholischen Stimmung geprägt sind, dann wächst in mir die Sehnsucht nach einer Welt der Liebe und der Geborgenheit, nach der Heimat. Die Sicht auf die Heimat ist dabei nie nur nach rückwärts gerichtet, als ob wir die alte Zeit verklären würden. In den Volksliedern klingt vielmehr etwas auf von einer Sehnsucht nach einer Welt, in der wir einander Brüder und Schwestern sind und in der uns die Liebe im Innersten verbindet.

Für mich ist die Sehnsucht nach Gott der Weg, die Wunden meiner Kindheit zu heilen und mich mit meiner Vergangenheit auszusöhnen. Sie ist keine Flucht vor der Realität. Vielmehr ermöglicht mir die Sehnsucht, mich mit der Durchschnittlichkeit meines Lebens auszusöhnen. Vor 38 Jahren habe ich einmal ein Sensitivity-Training gemacht. Dort wurden wir in einer Art Meditation in Situationen unserer Kindheit zurückgeführt, in denen wir alleingelassen wurden und uns verlassen und verletzt fühlten. Mich hat diese Übung in eine tiefe Krise gestürzt. Ich hatte immer gedacht, ich hätte eine heile Kindheit erlebt. Doch nun entdeckte ich auch meine Defizite. In mir kam das Gefühl hoch, zu kurz gekommen zu sein, nicht genügend Liebe bekommen zu haben. Doch ein paar Jahre später saß ich allein an einem See. Da ging mir auf einmal auf: „Es ist gut, dass ich nicht satt geworden bin. Denn das hat in mir die Sehnsucht nach Gott wachgehalten. Und es hat mich offen gemacht für die Menschen – dass ich mich danach sehne, die Menschen zu verstehen und ihnen auf ihrem Weg beizustehen."

In diesem Augenblick war ich versöhnt mit meiner Geschichte. Ich hörte auf, andere für meine Defizite verantwortlich zu machen. Ich war dankbar für die guten Quellen, die ich von meinen Eltern bekommen habe, aber auch für die Mängel, die es in jeder Erziehung gibt. Die Sehnsucht hat mein Leben fruchtbar werden lassen. Ohne die Sehnsucht, die durch die Wunde aufgebrochen ist, hätte ich wohl kaum so viele Bücher geschrieben, die immer von dem Bestreben bestimmt sind, den Menschen Mut zu machen, sich auszusöhnen mit ihrer Lebensgeschichte. Wenn wir mit unserer Sehnsucht in Berührung kommen, hören wir auf, andere anzuklagen für das, was wir nicht erhalten haben. Es ist gut, dass nicht alle unsere Wünsche erfüllt worden sind. Denn gerade das hält uns auf dem Weg. Das weckt unsere Sehnsucht. Und diese hält uns lebendig und schenkt unserem Leben Fruchtbarkeit. Unsere Wunden hindern uns nicht mehr am Leben, sie werden vielmehr zu Perlen. Sie werden zum Segen für uns und für andere Menschen.

Vor allem beim Thema „Sucht" gilt, dass die Sehnsucht unsere Wunden heilt. Vor ein paar Jahren lud mich ein Schweizer Chefarzt zu einer Sucht-Tagung ein und bat mich um den Vortrag: „Sucht in Sehnsucht verwandeln." Er war davon überzeugt, dass die Sucht nicht allein durch Disziplin oder durch eine Verhaltenstherapie geheilt werden könne, sondern erst dann, wenn sie in Sehnsucht verwandelt würde. Sucht ist ja immer verdrängte Sehnsucht. Ich sehne mich letztlich nach Liebe, nach gelingendem Leben, dem Mutterschoß, in dem ich mich immer geborgen fühlte. Statt mich zu verurteilen wegen meiner Sucht, soll ich nach der Sehnsucht fragen, die sich in ihr ausdrückt. Wenn ich mit der Sehnsucht in Berührung komme, dann brauche ich die Sucht nicht mehr. Sie wird vielmehr zur Freundin, die mich daran erinnert, mit meiner Sehnsucht in Berührung zu kommen. Die Sucht als Struktur – so sagen die Psychologen – bleibt. Aber sie wird nicht zum Feind, den ich bekämpfen muss, sondern vielmehr zur Freundin, die mich mit meiner Sehnsucht in Berührung bringt. Wenn ich die Sucht so verstehe, muss ich mich nicht mehr dafür schämen. Ich bin vielmehr dankbar, dass sie mich wieder mit meiner Sehnsucht in Berührung gebracht hat. So hört die Sucht auf, mich im Griff zu haben. Ich höre die Sehnsucht, die sich darin regt. Und ich richte diese auf Gott. Dann kommt meine Seele zur Ruhe.

Ich erlebe viele Menschen, die in den Kategorien „Alles oder nichts“ denken. Wenn sie heiraten, wollen sie alles haben. Sie wollen immer die Liebe des Partners spüren und sich immer von der Liebe getragen fühlen. Wenn sie dann einmal diese Liebe nicht spüren, weil sie im Alltag nicht mehr so stark ausgedrückt wird, dann haben sie das Gefühl, sie hätten die Liebe ganz und gar verloren. Weil sie die Liebe im Augenblick nicht spüren, ist alles nichts. Sie jammern dann entweder, dass sie die Liebe verloren haben. Oder sie trennen sich. Doch bei der nächsten Partnerschaft werden sie die gleiche Erfahrung machen. Kein Ehepartner wird unsere Sehnsucht nach Liebe ganz und gar erfüllen. Doch sowohl die Erfüllung, die ich in der Liebe erfahre, als auch die Enttäuschung, die nie ausbleibt, wollen letztlich meine Sehnsucht nach einer Liebe locken, die größer ist als das Gefühl. Es ist die Liebe als Qualität des Seins. Es ist letztlich die göttliche Liebe. Wenn ich von der erfüllenden oder enttäuschenden Liebe meines Ehepartners meine Sehnsucht nach dieser göttlichen Liebe wecken lasse, dann bin ich dankbar für die Liebe, die mir mein Partner schenkt. Ich kann sie genießen. Ich höre auf, den anderen mit meinen übertriebenen Erwartungen zu überfordern.

Die Dichter haben die Sehnsucht besungen, vor allem die Dichter der Romantik. Von Novalis stammt das schöne Gedicht „Hymne“; hier ein Auszug:

Hätten die Nüchternen
Einmal gekostet,
Alles verließen sie,
Und setzten sich zu uns
An den Tisch der Sehnsucht,
Der nie leer wird.
Sie erkennten der Liebe
Unendliche Fülle,
Und priesen die Nahrung
Von Leib und Blut.

Novalis wendet sich an die Nüchternen, die alles nur mit ihrem Verstand beurteilen, die ihre Gefühle verdrängen und meinen, sie könnten ihr Leben rein rational gestalten. Wenn die Nüchternen einmal von der Sehnsucht gekostet hätten, wenn sie sich durch Liebe einmal hätten berühren lassen, wenn sie sich für das Göttliche geöffnet hätten, dann würden sie sich zu uns an den Tisch der Sehnsucht setzen. Der Tisch der Sehnsucht wird nie leer.

Wir können über unsere Sehnsucht sprechen. Wir können philosophieren, dichten, singen, malen, musizieren. In allem drücken wir die Sehnsucht aus. In allem nähren wir uns von der Sehnsucht. Und in der Sehnsucht erkennen wir die unendliche Fülle einer Liebe, die letztlich von Gott stammt, die mehr ist als ein Gefühl. Es ist eine Liebe, die auf dem Grund unserer Seele sprudelt und nie versiegt, weil sie göttlich ist. Letztlich verweist Novalis hier auf das Geheimnis der Eucharistie. Das zeigt die letzte Strophe, wo er von der Nahrung von Leib und Blut spricht. Es ist letztlich Leib und Blut Christi, die menschgewordene Liebe, die uns am Tisch der Sehnsucht gereicht wird. Es ist ein schönes Bild für die Eucharistie: Sie ist der Tisch der Sehnsucht, der niemals leer wird. Wir können uns immer wieder von Neuem an diesen Tisch setzen und uns von der göttlichen Liebe nähren lassen, die uns in Jesus Christus erschienen ist. Im Vermächtnismahl der Eucharistie lässt uns Jesus teilhaben an dieser Liebe, mit der er uns am Kreuz bis zur Vollendung geliebt hat. Es ist letztlich diese Liebe, die uns nährt.

probehefte gratis
Der einfach leben-Brief
von Pater Anselm Grün
Oktober, Nr. 7 – 2009
einfach leben
Ein Brief von Anselm Grün
Liebe Leserin, lieber Leser!
Heilsam für alle
Woraul Mission zielt
1 Heilsam für alle
2 Zahnweh und Erleuchtung
3 Lebensfragen
4 Erwachsensein – Verantwortung übernehmen
6 Was Liebe vermag
8 Vom Guten der Krise
10 Leben im Hamsterrad
www.einfachlebenbrief.de

Probehefte gratis
Der einfach leben-Brief
von Pater Anselm Grün
einfach leben
Ein Brief von Anselm Grün
Oktober, Nr. 7 – 2009
Liebe Leserin, lieber Leser!
Heilsam für alle
www.einfachlebenbrief.de

JAKOB
SALOMON
MARIA
JOSEF
SELIG DIE BARMHERZIGEN

Noch bekannter als das Gedicht des romantischen Dichters Novalis ist das Gedicht „Mignon“ aus dem Roman „Wilhelm Meisters Lehrjahre“ von Johann Wolfgang von Goethe, dem Dichterfürsten der Klassik:

Nur wer die Sehnsucht kennt,
Weiß, was ich leide!
Allein und abgetrennt
Von aller Freude,
Seh ich ans Firmament
Nach jener Seite.

Ach! der mich liebt und kennt,
Ist in der Welt.
Es schwindelt mir, es brennt
Mein Eingeweide.
Nur wer die Sehnsucht kennt,
Weiß, was ich leide!

Da leidet ein Mensch unter der Trennung von einem Menschen, den er liebt. Er schaut auf zum Himmel, bald hierhin und bald dorthin. Er wird gleichsam schwindelig vom Schauen. Er kommt nicht zur Ruhe. In seinem Innern brennt es. Der Liebesschmerz durchdringt den Dichter ganz und gar. All sein Denken ist von der verwundeten Liebe bestimmt. So sucht der Dichter die Gemeinschaft mit dem Leser. Er sucht nach jemandem, der ihn versteht. Dabei muss er dem Leser gar nicht genau die Erfahrung seines Leids schildern.

Wer die Sehnsucht kennt, der versteht Menschen, die verliebt sind und sich vom Geliebten getrennt und verlassen fühlen, die lieben und deren Liebe nicht erwidert wird. Ich muss nicht die gleiche Liebeserfahrung machen wie ein anderer Mensch. Es genügt, dass ich die Sehnsucht kenne. Wenn ich mit meiner eigenen Sehnsucht in Berührung bin, dann verstehe ich auch das Leid des Liebenden, der von seiner Geliebten verlassen wurde oder dessen Liebe verschmäht wird. Die Sehnsucht vermag uns innerlich zu verbrennen. Und sie führt zu einem inneren Schwindel. Nur wenn wir die Sehnsucht über den Geliebten hinausrichten, wird sie uns zur Ruhe führen.
Die Sehnsucht, die uns zum anderen treibt, möchte uns über ihn hinaustreiben auf Gott hin, auf die innere Quelle der Liebe, die uns gehört und die uns niemand zu nehmen vermag.

Von Nelly Sachs, der jüdischen Dichterin, heißt es, dass sie die Sprache der Sehnsucht gesprochen hat. Sie bittet den Engel, dass er den Sand segne und ihn die Sprache der Sehnsucht verstehen lasse:

Segne den Sand,
Lass ihn die Sprache der Sehnsucht verstehn,
Draus ein Neues wachsen will aus Kinderhand,
Immer ein Neues.

Nelly Sachs ist davon überzeugt, dass in allem, was uns in dieser Welt begegnet, Sehnsucht verborgen ist. Im Sand ist die Sehnsucht verborgen, Neues zu gestalten, die Welt so zu gestalten, dass wir darin Heimat finden. Wenn Kinder mit dem Sand spielen, dann formen sie daraus etwas, was ihrer Fantasie entspricht. Sie drücken ihre Wünsche nach einer heilen Welt im Sand aus. Im Sand ist also die Verheißung von Geborgenheit. Das gilt aber von allem, was uns im Leben begegnet. Der Herd verweist uns auf die Sehnsucht nach Wärme, nach Heimat, nach Gemeinschaft und nach einer Nahrung, die uns wirklich nährt. In jeder Tür steckt die Sehnsucht, dass wir den Zugang finden zu unserem eigenen Herzen und zu den Herzen der Menschen.

Im Wasser ist die Sehnsucht verborgen, dass wir immer aus der Quelle heraus leben, die uns erfrischt, die uns stärkt und die uns nie innerlich vertrocknen lässt. Zugleich begegnen wir im Wasser der Sehnsucht, uns zu reinigen von allem, was uns immer wieder beschmutzt. Wer sich an einen Fluss setzt und dem strömenden Wasser zusieht, der kommt mit der Sehnsucht in Berührung, die darin liegt. Es ist die Sehnsucht, dass auch unser Leben zum Fließen kommt und unser Lebensfluss nicht ins Stocken gerät. Und es ist die Sehnsucht, dass all das, was uns Probleme bereitet, vom Strom mitgerissen wird. Wenn wir den Wellen des Meeres zusehen, spüren wir in uns die Sehnsucht, dass sie all das rein spülen mögen, was sich am Strand unseres Lebens immer wieder an Unrat ansammelt. Die Sehnsucht ist nicht eine Flucht aus der Welt. Sie lädt uns vielmehr ein, die Dinge dieser Welt mit anderen Augen anzuschauen. Dann werde ich in allem, was mir begegnet, die Sehnsucht nach dem Eigentlichen erkennen, die Sehnsucht nach erfülltem Leben. In dem Brot, das ich kaue, liegt die Sehnsucht verborgen, dass Gott selber mich nährt, dass ich genügend Kraft bekomme, um mein Leben zu meistern. Im eucharistischen Brot wird diese Sehnsucht letztlich erfüllt. Christus selbst ist es, der sich mir zur Speise reicht, damit ich in allem, was ich esse, etwas ahne von dem, was mich wahrhaft nährt.

Der österreichische Schriftsteller und Arzt Arthur Schnitzler hat einmal gesagt: „Die Sehnsucht ist es, die unsere Seele nährt, und nicht die Erfüllung." Wir denken, dass die Sehnsucht uns eher hungrig macht. In dem Wort „Sehnsucht" steckt ja einmal das „Sehnen". Es kommt von der Sehne, die sich spannt, um einen Sprung zu machen. Sehnsucht bedeutet also, unsere Aufmerksamkeit zu spannen, um über das Vordergründige hinwegzuspringen und das ganz Andere, das Ewige, das Transzendente zu erreichen. Der zweite Teil des Wortes, „Sucht", kommt nicht von Suche, sondern von „siech sein, krank sein". Die Sehnsucht scheint uns also eher krank zu machen, als zu nähren. Und dennoch hat Schnitzler Recht. Wenn wir Erfüllung erfahren haben, etwa wenn wir eine gute Prüfung geschrieben haben, wenn ein Projekt gelungen ist, dann gibt es zwar ein Gefühl von Zufriedenheit und Dankbarkeit. Aber viele kennen auch die Depression des Erfolgs. Nach einem Erfolg schweben wir nicht im Glücksgefühl, sondern geraten oft in ein Stimmungstief. Wir waren auf die Erfüllung hin ausgestreckt. Wenn sie eingetreten ist, lässt die Spannung nach und wir spüren, dass wir nicht alles erreicht haben. Da ist es die Sehnsucht, die unsere Seele nährt. Die Seele will nicht satt werden. Sie will genährt werden, damit sie sich weiterhin ausstreckt nach dem, was die Sehnsucht wirklich zu erfüllen vermag.

Die Sehnsucht führt mich zwar über diese Welt hinaus, aber nicht von ihr weg. Vielmehr schenkt mir die Sehnsucht neue Augen, um diese Welt aufmerksamer und sensibler anzuschauen. Der französische Schriftsteller Marcel Proust schreibt einmal: „Die Sehnsucht lässt alle Dinge blühen.“ Die Wahrheit dieses Satzes habe ich schon oft erlebt. Wenn ich in eine Landschaft schaue und mich nicht fixiere auf das, was ich sehe, sondern mit einem Blick der Sehnsucht alles betrachte, dann wird mir die Landschaft in ihrem Geheimnis aufgehen. Ich bin fasziniert von ihrer Schönheit. In mir wird die Sehnsucht nach absoluter Schönheit geweckt. Wenn ich ein verschlafenes Dorf mitten in einer schönen Landschaft betrachte, den Kirchturm und die Ruhe, die das Dorf umgibt, dann erinnert mich der Blick an die Sehnsucht nach Heimat, nach Gemeinschaft, nach Geborgenheit, nach Eingebettetsein in eine Tradition, die in diesem Dorf seit Jahrhunderten gelebt wird und es den Dorfbewohnern offensichtlich ermöglicht hat, ihr Leben in einer guten Weise zu meistern. Ich genieße es manchmal, auf einer Bank zu sitzen und einfach in die Landschaft zu schauen. Wenn ich in meinen Blick die Sehnsucht hineinlege, dann blüht die Landschaft auf. Ich fühle mich als ein Teil von ihr, getragen, geborgen, angenommen, lebendig und schön wie sie.

Es gibt nicht nur einen Blick der Sehnsucht, sondern auch Ohren der Sehnsucht. Wenn ich mit den Ohren der Sehnsucht Musik höre, dann berührt sie mich auf ganz neue Weise.
Ich höre beispielsweise die Arie der Gräfin „Dove sono“ aus der Oper „Die Hochzeit des Figaro“ von Wolfgang Amadeus Mozart. Da höre ich nicht nur eine schöne Stimme und eine schöne Melodie. Im Hören spüre ich vielmehr die Sehnsucht nach einer Liebe, die alles in mir verwandelt. Es ist nicht nur die Liebe zwischen Mann und Frau, die hier besungen wird.
Es wird das Geheimnis der Liebe überhaupt hörbar. Mit den Ohren der Sehnsucht spüre ich diese Liebe, die mich ganz und gar erfüllt und mich über diese Welt hinaushebt.
Im Hören bin ich eins mit dieser Liebe, mit der erotischen Liebe, die ich in mir kenne, aber auch mit der göttlichen Liebe, mit der „agape“, von der die Bibel immer wieder spricht.
Im Hören werde ich eins mit dem Gehörten. Ich fühle mich zugehörig. Martin Heidegger meinte einmal, Hören führe in die Geborgenheit. Wenn ich mit den Ohren der Sehnsucht höre, dann fühle ich mich geborgen in einer Welt der Liebe und der Schönheit, in einer Welt des Klangs, der in mir selbst aufklingt und mich in Einklang bringt mit mir selbst, mit Gott und mit allem, was ist.

Gerade der Geruchssinn hat für mich viel mit Sehnsucht zu tun. Wenn ich Heu rieche, dann erinnert das mich immer an Urlaube. Der Geruchssinn ist immer schon stark mit Emotionen verbunden. In Gesprächen mit Menschen spüre ich oft, dass sie sich sehr genau an bestimmte Gerüche erinnern, an himmlische Düfte, wenn sie das erste Mal in Italien waren und dort den besonderen Geruch der Landschaft wahrgenommen haben, aber auch an unangenehme Gerüche, die sie mit dem Keller verbinden, in dem sie immer Angst hatten. Wenn wir unser Riechen mit der Sehnsucht verbinden, dann werden wir uns nicht nur an bestimmte Erlebnisse erinnern, die uns bei diesem oder jenem Geruch einfallen. Wir werden vielmehr etwas vom Geheimnis selber riechen. In jedem Geruch liegt ein Duft von Liebe, von Zuwendung, von Verzauberung, von Erfüllung. Christian Morgenstern sagte einmal: „Der Duft der Dinge ist die Sehnsucht, die sie in uns nach sich erwecken." Der Dichter identifiziert den Duft mit der Sehnsucht.

Wenn ich Tannenzweige rieche, dann liegt darin der Duft von Weihnachten. Aber es ist nicht nur die Erinnerung an die Weihnachtsfeste, die mich schon als Kind tief berührt haben. Es liegt in diesem Duft die Ahnung von Verzauberung. Die Welt wird anders. Der Duft führt mich über diese Welt hinaus in eine Welt der Liebe, des Geheimnisses und der Ekstase.

Marcel Proust ist mit der tiefsten Sehnsucht seines Herzens beim Schmecken in Berührung gekommen. Als er ein Stück Kuchen aß und einen Schluck Tee trank, erlebte er etwas, das man nur als Entrückung bezeichnen kann. Er war wie verzaubert. Er wusste in diesem Augenblick, dass er niemals mehr einsam sein würde. Er hat das Leben geschmeckt, die Liebe, die Süße Gottes selbst. Die Mystikerinnen des Mittelalters sprachen von der Süßigkeit Gottes, von der „dulcedo dei", die sie beim Kosten des eucharistischen Brotes und des eucharistischen Weines, von Leib und Blut Christi erfahren haben. Dieser Geschmack der Süßigkeit Gottes hat sie verwandelt. Sie hatten das Gefühl, dass sie im Schmecken ganz und gar eins geworden sind mit der Liebe Jesu Christi, die einen angenehmen Geschmack hat.

Riesenpapaya
Südafrika
Nektarinen
1/2 kg 12.95€
1 kg 25.90€
Kaki 1.99
Aprikosen
Drachen-
frucht

Doch die Mystikerinnen konnten durchaus auch gute Speisen und einen guten Wein an den Festen des Kirchenjahres genießen. Und der Genuss der Speisen bei ihren festlichen Mählern verwies sie immer auf den Geschmack der Süßigkeit Gottes. In allem, was sie bewusst schmeckten, erahnten sie etwas von der Güte und Milde Gottes, der uns nährt, und von seiner Liebe, die in den Speisen und Getränken in uns einströmt. Dieses Schmecken der Sehnsucht ist aber nicht nur den Mystikerinnen vorbehalten. Wenn wir unser Schmecken mit Sehnsucht verbinden, werden wir im Alltag das Essen nicht in uns hineinschlingen. Wir werden es vielmehr genießen. Das wird nicht nur gut sein für unsere Gesundheit, sondern aus dem Essen eine Mahlzeit machen. Im Wort Mahl steckt die gleiche Wurzel wie „medicus“. Das Mahl wird dann heilsam für uns sein. Und wir werden in dem rein weltlichen Tun der täglichen Nahrungsaufnahme etwas Heiliges spüren. Das tägliche Mahl wird uns auf das eucharistische Mahl verweisen. Denn auch dort, wo wir bewusst frühstücken und eine Scheibe Brot mit Sehnsucht genießen, werden wir etwas erahnen von der Süße und Milde und Güte Gottes.

Der Tastsinn kann auch mit der Sehnsucht in Verbindung gebracht werden. Wenn ich ein zartes Gras betaste und es leicht durch die Hand gleiten lasse, wenn ich nur in diesem einen Augenblick bin und dahinein meine ganze Sehnsucht lege, dann werde ich nicht nur die Qualität des Grases erspüren. Ich erspüre vielmehr das Geheimnis des Seins. In alles, was ist, hat Gott seine Liebe hineingewoben. Und – wie Nelly Sachs meint – in alles hat Gott auch die Sehnsucht hineingelegt, die Sehnsucht nach sich und seiner zärtlichen Liebe, die Sehnsucht nach dem Geheimnis des Seins. In diesem zarten Tasten geht mir die Fülle des Seins auf. Ich berühre das, was sich nicht mehr berühren lässt: das Unaussprechliche, Unbegreifliche, Unberührbare – das Geheimnis Gottes selbst. Aber es braucht Übung, so achtsam die Dinge zu betasten. Die höchste Form des Betastens ist das liebevolle Streicheln der geliebten Frau oder des geliebten Mannes. Auch da kommt es darauf an, dass wir in das Streicheln unsere Sehnsucht hineinlegen. Dann wird es nie langweilig. Dann kommen wir nie zum Ende. Denn im Streicheln erahnen wir die Liebe, die den ganzen Leib des anderen durchdringt und uns durch seine Haut entgegenströmt.

Die Sehnsucht ist nicht – wie Sigmund Freud gemeint hat – ein Zeichen von Krankheit. Vielmehr ist die Sehnsucht der Ort, an dem wir das Leben intensiver erleben können. Die Sehnsucht nährt uns, die Sehnsucht verzaubert uns, die Sehnsucht lässt uns einverstanden sein mit der Durchschnittlichkeit unseres Lebens. Das Leben muss nicht all unsere Sehnsucht erfüllen. Es weckt unsere Sehnsucht. Damit überfrachten wir es nicht mit Erwartungen. Die Sehnsucht ist der Weg, in Frieden mit sich zu leben, ohne in Selbstzufriedenheit aufzugehen. Die Sehnsucht nährt unsere Seele, ohne uns in Sattheit träge werden zu lassen. Die Sehnsucht lässt die Dinge für uns erblühen. Sie lässt uns mit unseren Sinnen die Welt anders wahrnehmen. Die Sehnsucht ist der Weg, uns hier in dieser Welt daheimzufühlen, ohne uns hier für immer einzurichten. Denn alles, was wir in der Sehnsucht spüren, weist uns über diese Welt hinaus. Die Sehnsucht verweist uns auf Gott, der allein unsere Sehnsucht zu stillen vermag. Wir müssen nicht immer beten, um mit der Sehnsucht in Berührung zu kommen. Alles, was wir schauen, hören, riechen, schmecken und betasten, weckt in uns die Sehnsucht nach dem Geheimnis, das uns jetzt schon berührt, das uns in seiner Fülle aber erst in Gott aufgehen wird.

Im Kreuz-Verlag sind ebenfalls von Anselm Grün erschienen:

Anselm Grün
Vom Zauber des Alltäglichen
ISBN 978-3-7831-2877-2

Anselm Grün
Vom Zauber der Liebe
ISBN 978-3-7831-2945-8

Anselm Grün
Vom Zauber der Muße
ISBN 978-3-7831-3082-9

Anselm Grün
Vom Zauber des Augenblicks
ISBN 978-3-7831-3226-7

Anselm Grün
Vom Zauber des Lebens
ISBN 978-3-7831-3355-4

www.kreuz-verlag.de

Innengestaltung und Reproduktion:
Atelier Lehmacher, Friedberg (Bay.)
Bilder des Innenteils: Ursula Wrba, Sulzbach/Taunus
Herstellung: fgb · freiburger graphische betriebe · www.fgb.de

Gedruckt auf umweltfreundlichem, chlorfrei gebleichtem Papier

Printed in Germany

ISBN 978-3-7831-3463-6